COLLECTION J.-P.-J. ROUX

DE

MARSEILLE.

TABLEAUX

ANCIENS ET MODERNES

ET

OBJETS D'ART

A VENDRE DE GRÉ A GRÉ

MARSEILLE

IMPRIMERIE NOUVELLE A. ARNAUD, RUE VACON, 21

1886.

CATALOGUE

DES

TABLEAUX & OBJETS D'ART

COMPOSANT LE CABINET

DE

FEU M. J.-P. ROUX

DE MARSEILLE.

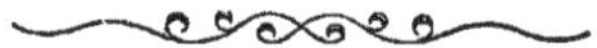

S'adresser pour visiter et traiter de la vente :

à M. DELEDICQUE-FARJON, à Saint-Barnabé, rue Chicot, n° 4,

Banlieue de Marseille.

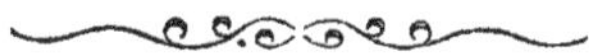

MARSEILLE

IMPRIMERIE NOUVELLE A. ARNAUD, RUE VACON, 21

1866.

AVANT-PROPOS.

La collection, qui est mise en vente et dont le Catalogue suit, a été formée par les soins de feu M. J.-P.-J. Roux, propriétaire à Marseille, grand amateur très connu, et surtout fin connaisseur, dont l'appréciation en peinture a souvent fait loi chez les amateurs qui venaient le consulter. On peut même ajouter qu'il fut toute sa vie l'ami des artistes les plus célèbres de son pays.

Cette collection lentement et judicieusement amassée pendant une existence entière, qui remonte au siècle dernier, alors que les bons tableaux étaient moins rares qu'aujourd'hui, renferme des objets du plus grand mérite ; nous citerons ici quelques tableaux seulement, que nous signalons plus particulièrement à l'attention des amateurs, tels que : *Les Vierges Sages, et les Vierges Folles* de Franck, *le Saint-François* de Zurbaran, *la Conversion de Saint-Paul* d'Ottovœnius, *le Paysage* de N. Poussin, *la Tête de Paysanne* de Greuze, *l'Enfance de Bacchus* de Van-Baëlen, *le Page* de Grimoux, *la Présentation de Jésus au Peuple* de Goltzius, *la Vénus endormie et la Cléopatre* de Giorgione, *Marie de Médicis* de Rubens, *Un Portrait* de Rembranlt, *le Saint-François* de Ribéra, *Une Religieuse* de Philippe de Champaigne, et, dans les peintures modernes, *la belle marine* de Barry.

Ajoutons seulement ici, et plutôt comme renseignement que dans l'intention d'ajouter à la valeur de ces tableaux, que tous sont richement encadrés, dans un état complet de conservation et dignes de figurer dans les plus belles collections de nos riches amateurs.

Plusieurs des tableaux de cette collection ont figuré à l'exposition du Concours régional de Marseille de 1861. Nous nous sommes fait un devoir de le mentionner, en forme de notice, sous chacun d'eux, afin d'appuyer notre désignation d'auteur de l'autorité des artistes qui ont concouru à la confection du catalogue de cette brillante exposition.

Ce catalogue est divisé en trois parties ; dans la première, se trouvent les tableaux dont les désignations d'auteur sont certaines, autant du moins qu'il est possible en pareille matière ; dans la deuxième, les tableaux dont les auteurs sont inconnus ou d'une désignation très douteuse, et enfin, dans la troisième, quelques objets d'art en marbre, ivoire et bronze.

Le catalogue porte, après le nom de l'auteur, les deux dates extrêmes de sa vie et l'indication de l'école ; en-dessous, le titre du sujet, suivi du chiffre des deux dimensions en largeur et hauteur du tableau, nu d'abord, et ensuite du tableau encadré ; l'indication si la peinture est sur toile, sur bois ou sur métal, et enfin en marge le prix qu'on en demande.

CATALOGUE.

PREMIÈRE PARTIE.

ALBANI (Francesco), 1578-1660. (Ecole Bolonaise).

1. **La Mort d'Adonis** — 0 m. 53 s. 0 m. 71 — 0 m. 71 s. 0 m. 89. Sur toile . . . . F. 250

2. **Toilette de Vénus** — 0 m. 73 s. 0 m. 53 — 0 m. 96 s. 0 m. 76. Sur toile 300

3. **Zéphire et Psyché** — 0 m. 31 s. 0 m. 21 — 0 m. 55 s. 0 m. 45. Sur bois 100

ALBERT-DURER, 1471-1528. (Ecole Allemande.)

4. **Adam et Eve** — 0 m. 22 s. 0 m. 33 — 0 m. 47 s. 0 m 58. Sur bois . . . . F. 150

5. **Jésus et Magdeleine.** (Autour 14 petits sujets représentant la passion de N. S. J. C.) — 0 m. 73. s. 0 m. 62 — 0 m. 89 s. 0 m. 78. Sur toile. 200

AMERICHI (Michel-Ange, dit le CARAVAGE),
1569-1609. (Ecole Lombarde.)

6. **Tête de jeune homme** — 0 m. 44 s. 0 m. 54 — 0 m. 71 s. 0 m. 81. Sur toile................... F. 800

Ce tableau a figuré à l'exposition du Concours régional de Marseille de 1861, sous le n° 22 du catalogue.

7. **Pèlerins en adoration** — 0 m. 55 s. 0 m. 76 — 0 m. 71 s. 0 m. 92. Sur bois .... F. 800

ASSELYN (Jean), 1610-1660. (Ecole Hollandaise.)

8. **Paysage** (Marine). — 0 m. 43 s. 0 m. 30 — 0 m. 69 s. 0 m. 56. Sur Toile..................... F. 250

Ce tableau a figuré à l'exposition du concours régional de Marseille de 1861 sous le n. 34.

BARBARELLI (Giorgio, dit Il Giorgione),
1475-1511. (Ecole Vénitienne.)

9. **Cléopatre** (buste), — 0 m. 75 s. 1 m. — 1 m. 05 s. 1 m. 30. Sur toile .... F. 1000

10. **Femme nue endormie** — (Vénus, grandeur naturelle), — 1 m. 58 s. 0 m. 90 — 1 m. 83 s. 1 m. 15. Sur toile... 2000

Tableau d'un grand effet autant par la beauté du coloris que par la pureté du dessin.

BARRY (François) (Ecole Française.)

11. **Marine,** entrée du port de Marseille, mer agitée — 1 m. 05 s. 0 m. 74 — 1 m. 37 s. 1 m. 05. Sur toile....................................... F. 1500

Une des plus belles toiles de cet artiste. Un navire, au premier plan, balance sur ses amarres; au fond, on aperçoit l'entrée du port de Marseille. Cette toile remarquable est devenue un sujet historique par suite des changements apportés à la partie du littoral, située aux pieds des collines de N.-D.-de-la-Garde. Tableau signé par son auteur.

BERGERET (Ecole Française.)

12. **La Chatelaine et le Musicien** — Paysage animé. — 0 m. 55 s. 0 m. 65 — 0 m. 77 s. 0 m. 87. Sur toile. . . . . F.   300
Tableau signé par son auteur.

BERGHEM (Nicolas Van), 1624-1783. (Ecole Hollandaise.)

13. **Marché aux Bestiaux** — 0 m. 65 s. 0 m. 48 — 0 m. 35 s. 0 m. 68. Sur bois . . . . '.   F.   300

BERRETINI (Pietro, dit Pierre de Cortone), 1596-1669. (Ecole Romaine.)

14. **Salomon adorant les idoles** — 1 m. 15 s. 0 m. 88 1 m. 40 s. 1 m. 13. Sur toile. . . . . F.   800
Ce tableau a figuré à l'exposition du Concours régional de de Marseille de 1861, sous le n° 67 du catalogue.

BOUCHER (François), 1704-1770. (Ecole Française.)

15. **Une Femme nue et un Amour** — 0 m. 35 s. 0 m. 26 — 0 m. 62 s. 0 m. 53. Sur toile. . . . . F.   200

16. **Amours** (groupe). — 0 m. 55 s. 0 m. 66 — 0 m. 74 s. 0 m. 82. Sur toile.   100

17. **Paysage** — 0 m. 55 s. 0 m. 47 — 0 m. 76 s. 0 m. 68. Sur toile   250

BOURDON (Sébastien), 1616-1674. (Ecole Française.)

18. **Saint-Sébastien culbutant les Maures** — 1 m. 02 s. 0 m. 75 — 1 m. 20 s. 0 m. 93. Sur toile   F.   400

BREUGHEL (Johann), 1569-1625. (Ecole Flamande.)

19. **Jésus guérissant les malades** — 0 m. 33 s. 0 m. 43 — 0 m. 60 s. 0 m. 70. Sur toile........   F.   600

Les figures sont de Savary. Petit chef d'œuvre ; le paysage surtout est remarquable par la beauté du coloris et la finesse de la touche.

Ce tableau a figuré à l'exposition du Concours régional de Marseille en 1861 , sous le n° 126.

20. **Paysage** (attribué au même) — 0 m. 28 s. 0 m. 23 — 0 m. 53 s. 0 m. 48. Sur bois............   F.   80

BROWERS (Adrian), 1608-1640. (Ecole Flamande.)

21. **Marine** (groupes de personnages au bord de la mer) — 0 m. 65 s. 0 m. 45 — 0 m. 83 m. s. 0 63. Sur bois.............................   F.   200

CARRACHE (Annibal), 1560-1609. (Ecole Bolonaise.)

22. **Le Christ en croix et les Saintes Femmes** — 0 m. 50 s. 0 m. 31 — 0 m. 76 s. 0 m. 57. Sur bois ....   F.   400

Morceau remarquable par son exécution large et son coloris d'un effet extraordinaire.

CLAUDE-LORRAIN, 1470. (Ecole Française.)

23. **Paysage** — 0 m. 31 s. 0 m. 22 — 0 m. 55 s. 0 m. 46. Sur toile.............................   F.   80

COSTE, 1852. (Ecole Française.)

24. **Tête de poisson** — 0 m. 32 s. 0 m. 25 — 0 m. 46 s.
0 m. 39. Sur bois...................... F. 50

Tableau signé par son auteur.

DAUPHIN, 1855. (Ecole Française.)

25. **La Fileuse** (fond de paysage) — 0 m. 39 s. 0 m. 46 —
0 m. 54 s. 0 m. 61. Sur toile............. F. 25

DELAROCHE (**Paul**), (Ecole Française.)

26. **Odalisque** (nue) — 0 m. 66 s. 0 m. 40 — 0 m. 85 s. 0
m. 59. Sur toile .... F. 800

Toile remarquable par la pureté du dessin et la fraîcheur du
coloris.

DÉVÉRIA (**Eugène**), 1830. (Ecole Française.)

27. **L'oiseau mort** (intérieur) — 0 m. 40 s. 0 m. 48 — 0
m. 62 s. 0 m. 70. Sur toile .... F. 200

DROLLING (**Martin**), 1752-1817. (Ecole Française.)

28. **Scène d'intérieur**.

29. » » 0 m. 54 s. 0 m. 73 — 0 m. 77 s.
0 m. 99. Sur toile ovale................ E. 800

Cadre carré, les deux tableaux font pendant.

DUPRÉ (**Louis**). (Ecole Française.)

30. **Une femme nue** — 0 m. 50 s. 0 m. 65 — 0 m. 75
s. 0 m. 90. Sur bois.................... F. 400

Tableau signé par son auteur.

FINSONIUS (**Aloysius**), 1580-1632. (Ecole Française.)

Elève de Michel-Ange Caravage.

31. **Saint-Sébastien** — 1 m. 16 s. 1 m. 50 — 1 m. 40 s. 1 m. 74. Sur toile.................. F. 600

Grand sujet d'une facture remarquable. Ce peintre, peu connu hors de la Provence, a laissé des ouvrages d'une valeur incontestable dans les principales villes de Provence. Aix, Arles, La Ciotat conservent les plus belles toiles de ce maître qui a traité plus particulièrement les grands sujets religieux.

FRANCK (**J.-B.**), 1544-1616. (Ecole Flamande.)

32. **Antoine et Cléopatre** — 0 m. 55 s. 0 m. 45 — 0 m. 80 s. 0 m. 70. Sur bois.............. F. 800

Peinture d'une délicatesse infinie. Ce tableau a figuré à l'exposition du Concours régional de Marseille de 1861, sous le n° 368.

33. **Les vierges sages et les vierges folles** — 1 m. 24 s. 0 m. 85 — 1 m. 47 s. m, 1 08. Sur bois...................... .... F. 4000

Morceau capital, parfaitement conservé. Elève de Rubens et de Van-Dyck, Franck a conservé à tel point, dans cette composition, la tradition du maître, que ce tableau est aussi estimé que s'il était sorti du pinceau de ces grands maîtres. Malgré son ancienneté ce tableau n'a rien perdu de sa fraîcheur et le coloris en est aussi vif et harmonieux que possible.

GAROFALO (**Benvenuto da**), 1559-1639. (Ecole Florentine.)

34. **La crêche (adoration)** — 0 m. 40 s. 0 m 55 — 0 m. 65 s. 0 m. 80. Sur bois.................. F. 400

GÉRARD DE LAIRESSE, 1640-1711. (Ecole
Flamande.)

35. **Cérès retenant le bras de Triptolème,** 0 m. 62
s. 0 m. 51 — 0 m. 87 s. 0 m. 76. Sur toile.   F.   400

GIOTTO, 1276-1336. (Attribué à) (Ecole Florentine.)

36. **La Vierge et l'Enfant Jésus,** (Style Bysantin) —
0 m. 82 s. 1 m. 23 — 1 m. 06 s. 1 m. 47. Sur
toile.............................. F.   500

GOLTZIUS (Henry), 1558-1617. (Ecole Hollandaise.)

37. **Présentation du Christ au Peuple** — 1 m. 50 s.
1 m. 24 — 1 m. 80 s. 1 m. 54. Sur bois...   F. 5000
Tableau de premier ordre; le coloris en est superbe, l'infinité
de personnages, admirablement groupés, qui figurent dans ce
grand sujet, sont des portraits de l'époque traités avec un soin
et une délicatesse extraordinaires. Ce tableau peut, sans contredit, être présenté comme un des plus remarquables de ce
maître.

GRANET (François-Marius), 1775-1849. (Ecole
Française.)

38. **Intérieur d'une chapelle** — 0 m. 40 s. 0 m. 50.
— 0 m. 60 s. 0 m. 70. Sur toile.......... F.   300
Tableau signé par son auteur.

GREUZE (Jean-Baptiste), 1725-1805. (Ecole Française.)

39. **Tête de jeune fille** — 0 m. 48 s. 0 m. 61 — 0 m. 65
s. 0 m. 78. Sur toile.................... F.   400
40. **Tête de femme** (du Midi) — 0 m. 52 s. 0 m. 67 —
0 m. 77 s. 0 m. 92. Sur toile........... F.   600

Superbe tête d'un beau coloris et largement touchée. Œuvre remarquable sous tous les rapports.

41. Scène d'intérieur de famille — 0 m. 70 s. 0 m. 54 — 0 m. 88 s. 0 m. 72. Sur toile.......... F. 800

GRIMOUX (Jean), 1680-1740. (Ecole Française.)

42. Hallebardier (page) — 0 m. 60 s. 0 m. 73 — 0 m. 83 s. 0 m. 96. Sur toile.................... F. 1000
Peinture d'un très-beau coloris, une des plus belles sans contredit de ce maître. Ce tableau a figuré à l'exposition du Concours régional de Marseille de 1861, sous le n° 442.

GUERCHIN (Gian Francesco Barbieri, dit Guercino), 1590-1666. (Attribué à) (Ecole Italienne.)

43. Magdeleine (buste) — 0 m. 50 s. 0 m. 65 — 0 m. 68 s. 0 m. 83. Sur toile.................... F. 600

JOUVENET (François), 1644-1717. (Ecole Française.)

44. Le Christ adoré par les Anges — 0 m. 52 s. 0 m. 61 — 0 m. 80 s. 0 m. 89. Sur toile........ F. 500
Ce tableau a figuré à l'exposition du Concours régional de Marseille de 1861, sous le n° 502.

KALF (Guillaume), 1630-1693. (Ecole Hollandaise.)

45. Nature morte (coquillages) — 0 m. 49 s. 0 m. 38 — 0 m. 61 s. 0 m. 50. Sur bois............ F. 100

LACROIX (J.), élève de J. Vernet. (Ecole Française.)

46. Marine — 0 m. 24 s. 0 m. 25 — 0 m. 49 s. 0 m. 50. Sur toile.......................... F. 100
Tableau signé des initiales de son auteur.

LAMY (Jean-Augustin). (Ecole Française.)

47. **Nature morte** (fruits, fleurs, légumes, ustensiles de cuisine, etc.) — 0 m. 80 s. 0 m. 65 — 1 m. 06 s. 0 m. 91. Sur toile...................... F. 400

LANCRET (Nicolas), 1690-1743. (Ecole Française.)

48. **La musique** (groupe de cinq personnes) — 0 m. 47 s. 0 m. 38 — 0 m. 64 s. 0 m. 55. Sur toile... F. 400

LANTARA (Simon-Mathurin), 1745-1778. (Ecole Française.)

49. **Paysage** (marine, mer calme) — 0 m. 42 s. 0 m. 34 — 0 m. 68 s. 0 m. 60. Sur toile............. F. 200

LARGILLIÈRE (Nicolas), 1656-1746. (Ecole Française.)

50. **Tête de femme** (portrait) — 0 m. 80 s. 0 m. 66 — 1 m. s. 0 m. 86. Toile ovale........... F. 500

Peinture fine et délicate, un peu maniérée, comme toutes celles de ce peintre.

LEBRUN (L. Vigée-) mad., 1765-1828, (Ecole Française.)

51. **Episode de naufrage** — 0 m. 90 s. 0 m. 74 — 1 m. 10 s. 0 m. 92. Toile ovale............... F. 400

Une femme, sur le point d'être engloutie par une mer furieuse, tient dans ses bras son jeune enfant endormi. L'expression de douleur peinte sur la figure de cette malheureuse mère contraste vivement avec le calme de l'enfant qui dort paisiblement dans ses bras.

Cette toile, pleine d'expression et de sentiment, est signée par son auteur.

LECŒUR (J.-B.), 1829. (Ecole Française.)

52. **L'Accouchée** — 0 m. 33 s. 0 m. 25 — 0 m. 49 s. 0
m. 41. Sur toile................. .... F.   100
Tableau signé par son auteur.

MARATTA (Carlo), 1625-1713.

53. **L'Annonciation** — 0 m. 40 s. 0 m. 45 — 0 m. 75 s.
0 m. 80. Sur cuivre ovale, cadre carré...... F.   700

MAZZUOLI (Francesco, dit Le Parmésan),

1503-1540. (Ecole Lombarde.)

54. **Bacchus enfant** — 0 m. 30 s. 0 m. 20 — 0 m. 46 s.
0 m. 36. Sur bois..................... F.   80

MIEL (Jean), 1519-1664. (Ecole Flamande.)

55. **Le Carnaval à Naples** (mascarade) — 0 m. 77 s. 0
m. 60 — 1 m. 03 s. 0 m. 86. Sur toile..... F. 1500
Sujet peint avec une verve extraordinaire; tous les nombreux
personnages qui animent cette toile sont pleins de la joie du
carnaval. Le dessin en est d'une grande pureté et le coloris
puissant.

MINION (Abraham), 1640-1679 (Ecole Allemande.)

56. **Fleurs, fruits et papillons** — 0 m. 47 s. 0 m. 55
0 m. 65 s. 0 m. 73. Sur toile............. F.   400

MOLA (Pierre-François), 1621-1666. (Ecole
Lombarde).

57. **Saint Jérôme** — 0 m. 25 s. 0 m. 33 — 0 m. 50 s. 0
m. 58. Sur cuivre..... .... F.   250

58. **Saint Charles Boromé** (en hermite, priant devant

ses insignes de cardinal) — 0 m. 40 s. 0 m. 30 — 0 m. 65 s. 0 m. 55. Sur bois.................. F.   100

MONTICELLI (moderne).

59. Baigneuses — 0 m. 15 s. 0 m. 23 — 0 m. 30 s. 0 m. 38. Sur toile.............. ...... F.   50

NATOIRE (Charles), 1700-1777. (Ecole Française.)

60. Tête de femme et fleurs — 0 m. 26 s. 0 m. 35 — 0 m. 51 s. 0 m. 60. Sur bois............ F.   250

OSTADE (Adrien Van-), 1610-1683. (Ecole Hollandaise.)

61. Intérieur de ferme — 0 m. 70 s. 0 m. 50 — 0 m. 94 s. 0 m. 74. Sur bois................. F.   300

PHILIPPE DE CHAMPAIGNE, 1602-1674. (Ecole Flamande.)

62. Une religieuse (portrait) — 0 m. 62 s. 0 m. 74 — 0 m. 79 s. 0 m. 91. Sur toile............ F.   800

Peinture admirable, d'une délicatesse extrême, comme tous les portraits de ce maître.

POELEMBURG (Corneille), 1586-1660. (Ecole Hollandaise.)

63. Paysage — 0 m. 55 s. 0 m. 40 — 0 m 80 s. 0 m. 65. Sur bois.............................. F.   100

POUSSIN (Nicolas), 1594-1665. (Ecole Française.)

64. Paysage — 0 m. 78 s. 0 m. 42 — 0 m. 96 s. 0 m. 60. Sur toile.............................. F. 1500

Beau paysage d'une parfaite conservation. Il a figuré avec hon-

neur à l'exposition du Concours régional de Marseille de
1861, sous le n° 775.

65. Descente de croix — 0 m. 28 s. 0 m. 36 — 0 m. 55
s. 0 m. 63. Sur toile..................... F. 300

Ce tableau a figuré à l'exposition du Concours régional de Marseille de 1861, sous le n° 775.

REMBRANLT (Van Ryn-), 1608-1669 (Ecole Hollandaise.)

66. Tête d'homme (portrait) — 0 m. 62 s. 0 m. 73 — 0
m. 84 s. 0 m. 95. Sur bois.............. F. 2000

Portrait frappant de vérité. Cette œuvre peut être considérée
comme une des belles de ce grand maître. Elle se recom-
mande d'une manière spéciale à l'attention des amateurs.

RIBÉRA (le chevalier Joseph, dit l'Espagnolet), 1588-1656. (Ecole Espagnole.)

67. L'Agneau Pascal— 0 m. 57 s. 0 m. 46—0 m. 76 s.
0 m. 65. Sur toile..................... F. 200

Ce petit tableau, peint d'une manière magistrale, doit être ou
le fragment d'une toile plus grande ou une étude faite par
ce maître. Il a figuré à l'exposition du Concours régional de
Marseille de 1861, sous le n° 843.

68. Saint-François (aux stigmates) — 0 m. 76 s. 0 m. 86
— 1 m. s. 1 m. 10. Sur toile............ F. 800

Œuvre remarquable, coloris puissant, beau dessin, expression
magnifique.

ROUSSET, (Ecole Française moderne.)

69. Poissons (nature morte) — 0 m. 60 s. 0 m. 50 — 0 m.
85 s. 0 m. 75. Sur toile................. F. 400

Ce peintre, en réputation pour ses tableaux de genre, a peint surtout les poissons avec une grande vérité. Il est mort très jeune et très peu de ses tableaux se rencontrent dans le commerce.

Ce tableau, signé par son auteur, a figuré au Concours régional de Marseile de 1861, sous le n° 913.

ROTTENHAMMER (Johant), 1556-1640. (Ecole Allemande.)

70. **Bacchanale** — 0 m. 56 s. 0 m. 43 — 0 m. 79 s. 0 m. 66. Sur bois...................... F. 300

RUBENS (Pierre Paul), 1577-1640. (Ecole Flamande.)

71. **Femme au bain** — 0 m. 50 s. 0 m. 85 — 0 m. 75 s. 1 m. Sur bois...................... F. 500

72. **Marie de Médicis** (allégorie) — 0 m. 88 s. 1 m. 17 — 1 m. 10 s. 1 m. 39. Sur toile.   2500

Toile du plus grand mérite. On suppose que c'est là l'exquisse du grand tableau, même sujet, qui figure dans la galerie du Louvre, ou bien une réduction faite par Rubens lui-même. La pureté du dessin et la puissance du coloris affirment par elles-mêmes l'authenticité de cette œuvre vraiment remarquable et hors ligne.

SALVATOR-ROSA, 1615-1673. (Ecole Italienne.)

73. **Exposition d'un criminel.**

74. **La Femme adultère promenée sur un âne** — 0 m. 35 s. 0 m. 50 — 0 m. 60 s. 0 m. 75. Sur toile.......................... F. 1000

Les deux tableaux font pendant.

STEENWICK (Henry), 1550-1603. (Ecole Flamande.)

75. **Intérieur d'Eglise** — 0 m. 36 s. 0 m. 34 — 0 m. 61 s. 0 m. 56. Sur bois................. F. 300

Steenwick fut un peintre d'intérieur très estimé. On retrouve dans ce tableau toutes les qualités de ce maître. Sous les voûtes d'une église gothique et au pied d'une colonne, se trouve un groupe de personnages qui paraissent subir une exposition publique.

SWANEVELT (Herman), 1620-1655. (Ecole Flamande.)

76. **Cour intérieure d'un palais** — 0 m. 50 s. 0 40 — 0 m. 75 s. 0 m. 65. Sur bois............ F. 400

Tableau très estimé des connaisseurs.

TÉNIERS (David), 1610-1694. (Ecole Flamande.)

77. **Fête champêtre** (paysage animé) — 0 m. 47 s. 0 m. 54 — 0 m. 72 s. 0 m. 79. Sur toile........ F. 500

VALENTIENNE (Pierre Henry), 1750-1819 (Ecole Française.)

78. **L'Homme et le serpent** (paysage)— 0 m. 69 s. 0 m. 47 — 0 m. 93 s. 0 m. 73. Sur toile....... F. 700

Ce tableau, signé par son auteur, a figuré à l'exposition du Concours régional de Marseille de 1861, sous le n° 1031.

VALLIN, élève de J. Vernet. (Ecole Française.)

79. **Bacchante** (buste de femme nue) — 0 m. 59 s. 0 m. 73 — 0 m. 79 s. 0 m. 93. Sur toile........ F. 300

Ce tableau a figuré à l'exposition du Concours régional de Marseille de 1861. sous le n° 1040.

VAN-BAELEN, 1560-1632. (Ecole Flamande.)

80. **L'enfance de Bacchus** — 0 m. 95 s. 0 m. 63 — 1 m. 19 s. 0 m. 86. Sur bois............. F. 2000

Belle peinture d'un coloris brillant et très bien conservée. Van-Baëlen se servait de Jean Breughel pour faire les fonds, qui sont d'un coloris particulier à ce peintre et donnent un cachet particulier à tous les tableaux créés par ces deux maîtres.

Van-Baëlen fut le maître d'Antoine Van-Dick.

81. **Paysage** – 0 m. 24 s. 0 m. 19 — 0 m. 36 s. 0 m. 31. Sur cuivre............................. F. 100

VAN-DER-WERFF (Adrian), 1659-1722. (Ecole Hollandaise.)

82. **La chaste Suzanne** — 0 m. 42 s. 0 m. 35 — 0 m. 69 s. 0 m. 62. Sur bois .... F. 600

Belle peinture, d'une pureté de dessin et d'un fini admirables. Ce tableau a figuré à l'exposition du Concours régional de Marseille de 1861, sous le n° 1085.

VAN-SHANDEL (Ecole Hollandaise). (Moderne,)

83. **Marine** (mer calme, effet de nuit) — 0 m. 43 s. 0 m. 33 — 0 m. 57 s. 0 m. 48. Sur bois........ F. 300

VEEN (Otto Van, dit Otto-Vœnius), 1556-1636 (Ecole Flamande.)

84. **Saint-Paul frappé de cécité sur le chemin de Damas** (conversion de Saint-Paul) — 1 m. 60 s. 0 m. 98 — 1 m. 88 s. 1 m. 26. Sur bois.... F. 2500

Splendide composition dans laquelle on retrouve toutes les qualités de Rubens dont Otto-Vœnius fut le maître.

VOLHERT (Nicolas), 1750. (Ecole Hollandaise.)

85. **Paysage** — 0 m. 47 s. 0 m. 36 — 0 m. 60 s. 0 m. 49. Sur bois.......................... F. 200

Tableau signé par son auteur.

WATTEAU (Antoine), 1684-1721. (Ecole Française.)

86. **Tête de femme** — 0 m. 19 s. 0 m. 20 — 0 m. 45 s. 0 m. 40. Sur bois...................... F.   150

WOUWERMANS (Philippe), 1620-1688.

(Ecole Hollandaise.)

87. **Paysage** (avec animaux) — 0 m. 21 s. 0 m. 21 — 0 m. 34 s. 0 m. 34. Sur bois .... F.   100

ZURBARAN (François), 1598-1662. (Ecole Espagnole.)

88. **Saint François** (buste) — 0 m. 54 s. 0 m. 67 — 0 m. 80 s. 0 m. 93. Sur toile................. F. 1200
Toile hors ligne, d'une belle conservation. Elle a figuré avec un grand succès à l'exposition du Concours régional de Marseille de 1861, sous le n° 1151.

DEUXIÈME PARTIE.

89. **Enlèvement de Proserpine** (Ecole Française) — 0 m. 40 s. 0 m. 27 — 0 m. 63 s. 0 m. 50. Sur bois.. F.   150

90. **Paysage** (Attribué à Paul Brill). (Ecole Flamande) — 0 m. 40 s. 0 m. 30 — 0 m. 65 s. 0 m. 55. Sur bois.. F.   100

91. **Un vieillard et une jeune femme** (Ecole Italienne) — 0 m. 24 s. 0 m. 26 — 0 m. 40 s. 0 m. 42. Sur bois.. F.   50

92. **Persée et Andromède** (Ecole Française) — 0 m 81 s. 0 m. 66 — 0 m. 98 s. 0 m. 83. Sur toile.   F.   100

93. **Sainte famille** (Adoration) (attribué à Franck) (école
Flamande — 0 m. 24 s. 0 m. 32 — 0 m. 48 s. 0 m. 56.
Sur cuivre............................. F.   150

94. **Jugement de Paris** (Ecole de Rubens) — 0 m. 57 s.
0 m. 39 — 0 m. 83 s. 0 m. 65. Sur ardoise..   F.   600
Œuvre curieuse et très-originale, très-estimée des amateurs.

95. **Animaux à la ferme** (attribué à Berghem) (école Flamande) — 0 m. 85 s. 0 m. 67 — 1 m. 04 s. 0 m. 86.
Sur toile............................. F.   400

96. **Saint Jean prêchant dans le désert** (Ecole Française) — 0 m. 44 s. 0 m. 33 — 0 m. 71 s. 0 m. 60. Sur
cuivre .... F.   150

97. **Tête d'homme** (Ecole Italienne) — 0 m. 57 s. 0 m. 72
— 0 m. 72 s. 0 m. 87. Sur toile.......... F.   400
Grande et belle peinture d'un effet puissant.

98. **Jésus au jardin des oliviers** — 0 m. 23 s. 0 m. 29
— 0 m. 37 s. 0 m. 43. Sur cuivre........ F.   100

99. **La tunique de Joseph présentée à Jacob** — 0
m. 97 s. 0 m. 74 — 1 m. 23 s. 1 m. Sur
toile............................... F.   180

100. **Un moine** (Ecole Italienne) — 0 m. 29 s. 0 m. 40 —
0 m. 40 s. 0 m. 52. Sur bois............ F.   25

101. **Saint Jérôme en méditation entend la trom-
pette du jugement dernier** (non encadré) — 1 m.
17 s. 1 m. 69. Sur toile................ F.   300

102. **Bethzabée** — 1 m. s. 1 m. 25 — 1 m. 16 s. 1 m.
44. Sur toile....................... F. 300

103. **Femmes à la fontaine** (Ecole de Rubens) — 0 m. 80
s. 0 m. 65 — 1 m. s. 0 m. 85. Sur toile.   F.   200

104. **Une femme et un satyre** — 0 m. 24 s. 0 m. 30 —
0 m. 48 s. 0 m. 54. Sur bois............ F.   50

105. **Paysage** (attribué à Constantin) — 0 m. 56 s. 0 m. 47
— 0 m. 70 s. 0 m. 61. Sur toile......... F. 150

106. **Femme faisant des offrandes à l'Amour** (médaillon — 0 m. 53 s. 0 m. 65 — 0 m. 75 s. 0 m. 87.
Sur toile..................... F. 100

107. **Jupiter et Danaë** — 0 m. 31 s. 0 m. 23 — 0 m. 46
s. 0 m. 38. Sur bois.................. F. 100

108. **Saint Nicolas, évêque** — 0 m. 20 s. 0 m. 24 — 0
m. 32 s. 0 m. 36. Sur toile............ F. 25

109. **La fuite en Egypte** (Ecole Flamande) — 0 m. 22 s.
33 — 0 m. 47 s. 0 m. 58. Sur bois....... F. 150

110. **Tête de femme** — 0 m. 20 s. 0 m. 23 — 0 m. 28 s.
0 m. 31. Sur bois.................. F. 25

111. **Ecce homo** (Ecole Allemande) — 0 m. 57 s. 0 m. 85 —
0 m, 82 s. 1 m. 10. Sur toile........... F. 300

112. **La Vierge et l'Enfant Jésus** (Ecole Française) —
0 m. 50 s. 0 m. 60 — 0 m. 73 s. 0 m. 83. Sur
toile...................... F. 250

113. **Un satyre** (paysage) — 0 m. 58 s. 0 m. 50 — 0 m. 84
s. 0 m. 76. Sur toile................ F. 50

114. **La sainte famille** (paysage) (Ecole Italienne) — 0 m.
26 s. 0 m. 35 — 0 m. 51 s. 0 m. 60. Sur toile. F. 150

115. **Sainte Magdeleine** (dans sa grotte) — 0 m. 32 s. 0
m. 41 — 0 m. 56 s. 0 m. 65. Sur cuivre.... F. 250

116. **Paysage** (attribué à Egidius Sadeler) — 0 m. 45 s. 0
m. 32 — 0 m. 71 s. 0 m. 58. Sur bois...... F. 100

117. **Marine** (attribué à Roux). Mer calme, clair de lune) —
0 m. 20 s. 0 m. 13 — 0 m. 35 s. 0 m. 28. Sur
bois....................... F. 80

118. **Saint Jérôme** (toile ronde, cadre carré) — 0 m. 22 s.
0 m. 22 — 0 m. 40 s. 0 m. 40. Sur bois.... F. 50

119. **Tête d'enfant** — 0 m. 22 s. 0 m. 27 — 0 m. 36 s. 0 m. 41. Sur toile..................................... F. 100

120. **Paysage** (effet de neige) — 0 m. 34 s. 0 m. 25 — 0 m. 60 s. 0 m. 51. Sur toile................. F. 80

121. **Une mère faisant la toilette de son enfant** (Ecole Flamande) — 0 m. 23 s. 0 m. 30 — 0 m. 36 s. 0 m. 43. Sur toile........................... F. 50

TROISIÈME PARTIE.

122. **La Vénus du Capitole**). Ivoire. Haut. 0 mètre 40 centimètres....................... F. 800
Très-beau morceau, très-estimé des amateurs.

123. **Christ en croix** (crucifix). Bronze. — Haut. 0 mètre 55 centimètres....................... F. 1000

124. **Buste de Casault** (consul de Marseille)... F. 400
Beau marbre monté sur une colonne en marbre noir.
Hauteur du buste, 0 m. 78. Hauteur totale, 2 m. 00.

125. **Charlemagne** (statuette en cuivre, sur socle en marbre noir plaqué) — Hauteur de la statuette, 0 m. 32. Hauteur totale, 0 m. 39 centimètres.......... F. 200

126. **Charles X** (joli buste en marbre blanc) — Hauteur 0 m. 50 centimètres .... F. 300

Marseille. — Imprimerie Nouvelle A. Arnaud. rue Vacon, 21.

www.ingramcontent.com/pod-product-compliance
Ingram Content Group UK Ltd.
Pitfield, Milton Keynes, MK11 3LW, UK
UKHW031707170726
13836UKWH00001B/92